BITTE ALLE EINMAL UNTERSCHREIBEN, DIE SICH IN DIESEM BUCH VEREWIGT HABEN.

Meine Freundin **Conni**

Meine Freundinnen und Freunde

CARLSEN

Dieses Buch gehört:..................

Wie ich noch heiße: ....

........................[Spitzname & Co]........

Jetzt gerade [Datum:............/20....] bin ich ....alt.

Ab geht die Post 📧 – ....so sehe ich aus:......
und zwar an:

☺ Und

....

....

☎ Oder ruf doch mal an:

....

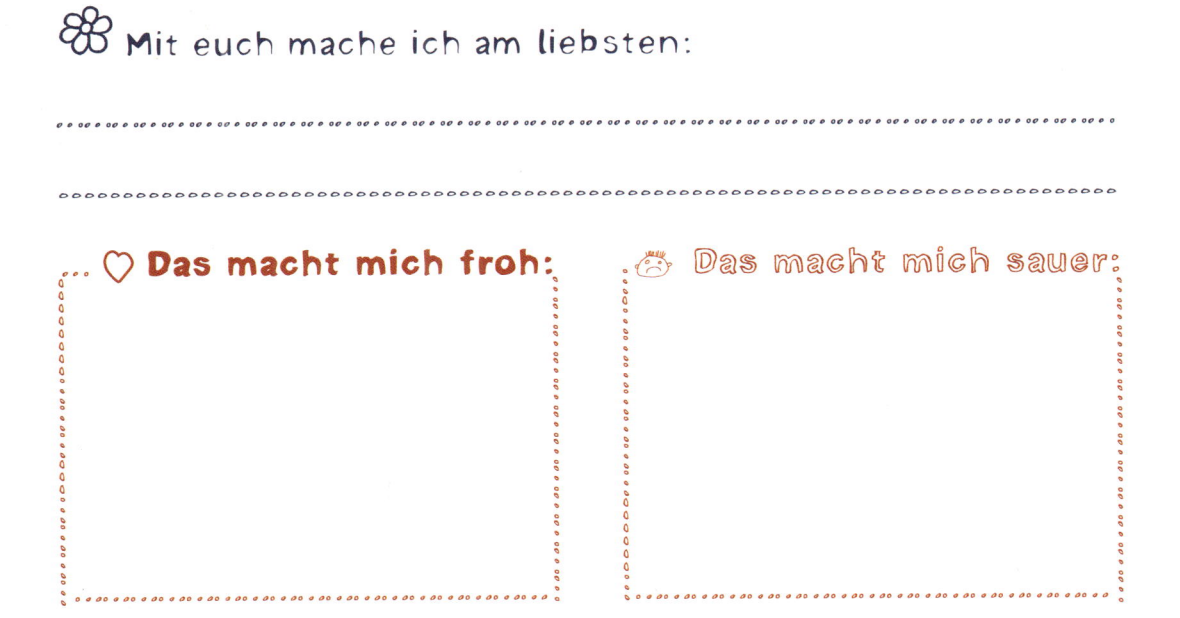

So wohne ich jetzt:

Mit:
- ○ Mama
- ○ Papa
- ○ Oma
- ○ Opa
- ○ Schwester
- ○ Bruder
- ○ Freundin
- ○ Freund
- ○ andere

- ○ Katze
- ○ Hund
- ○ andere Tiere
- ○ Haus
- ○ Wohnung
- ○ Garten
- ○ Balkon
- ○ Stadt
- ○ Land

Mit euch mache ich am liebsten:

♡ Das macht mich froh:

Das macht mich sauer:

INHALT

Hallo ihr Lieben!	6
	8
.... ✏️	10
	12
Backaktion mit Freunden!	14
	16
.... ✏️	18
.... ✏️	20
	22 Lauter Lieblingsbücher
.... ✏️	24
	26 .... ✏️
	28 .... ✏️
Verloren im Getümmel	30 Wo ist mein Schal?
.... ✏️	32
	34 **DAS GEHT GAR NICHT!**
.... ✏️	36
	38 .... ✏️
	40 .... ✏️
Freundschaft ist ...	42
	44 Freundschaft ist nicht ...
.... ✏️	46
.... ✏️	48
	50 .... ✏️
Mau! Suche meine Freunde	52
	54 .... ✏️
	56 **Wir bleiben Freunde ...**
	58
.... ✏️	60 .... ✏️

Hätt ich dich heut erwartet, ... 62
64
66
68
70 Ich wollt, ich wär ...
72
Für dich! 74
76
78
80 Voll daneben!
82
84
86
Let the music PLAY! 88
90
92 Hmmmh! Yummy!
94
96
Heiß oder kalt? 98
100
102 Komm, Wir Gehen ins Kino!
104
106
108
Da hört die Freundschaft auf! 110
112 NICHT VERGESSEN!
114
GeBUrtstagskaLeNDer 116
118 GeBUrtstagskaLeNDer
Impressum 120

Hallo ihr Lieben!

Herzlich willkommen und viel Spaß in meinem Freundebuch. Darin sind neben den üblichen Freunde-Ausfüllseiten auch noch jede Menge bunte Mitmachseiten für alle zum gemeinsamen Ausfüllen.
Und mein liebster Katzenfreund Kater Mau erklärt euch noch einmal ganz genau, wie das mit den Mitmachseiten funktioniert.

Eure Conni

MAU! SO GEHT'S!

Als Erstes füllst du eine der üblichen Freundebuchseiten aus. Unten rechts auf der Seite erfährst du, wie du zur ersten Mitmachseite kommst.
Auf jeder Mitmachseite verrate ich dir, wie du zur nächsten Mitmachseite kommst.

Und nun:
Viel Spaß mit Conni und mir und all deinen anderen Freunden!

Mein Name in kunterbunt und riesig

Wie ich noch heiße: ....

[Spitzname & Co]: ....

Jetzt gerade [Datum:........../20....] bin ich .... alt.

Ab geht die Post ✉ –
und zwar an:

....
....
....

☎ Oder ruf doch mal an:
....

☺ Und so sehe ich aus: ....

❀ Mit dir mache ich am liebsten:

....

Da bin ich am liebsten:..

Das schmeckt toll:...

Was ich nie essen würde:..

Der schlimmste Tag im Jahr:..

Und der tollste:..

Das ging voll daneben:..

Dafür ging das richtig gut:..

☀ **Das macht Spaß:**........   ☹ Das nicht:..........................

Das fehlt in meinem Zimmer:..

Was ich nie hergeben würde:..

Was ich vermisse:...

MIAU! UND AUF ZU SEITE 14, DA GEHT ES WEITER!

Mein Lieblingsname: ....

❀.... Mein richtiger Name: ...

🖃 Da wohne ich:

☎ Da klingelt es bei mir:

☺ Und so sehe ich gerade aus:

🌍 Meine schönste Reise:

....

....

....

Mein Lieblingsort:..

Mein schönstes Geschenk:..

Mein blödestes Geschenk: ....

Ich grusel mich vor:.. 👐

....

♡ Das macht mich froh:
😢 Das macht mich sauer:

Der/die/das hat mir geholfen:..

....

....

MAU! UND AUF ZU SEITE 14, DA GEHT ES WEITER!

Das bin ich:

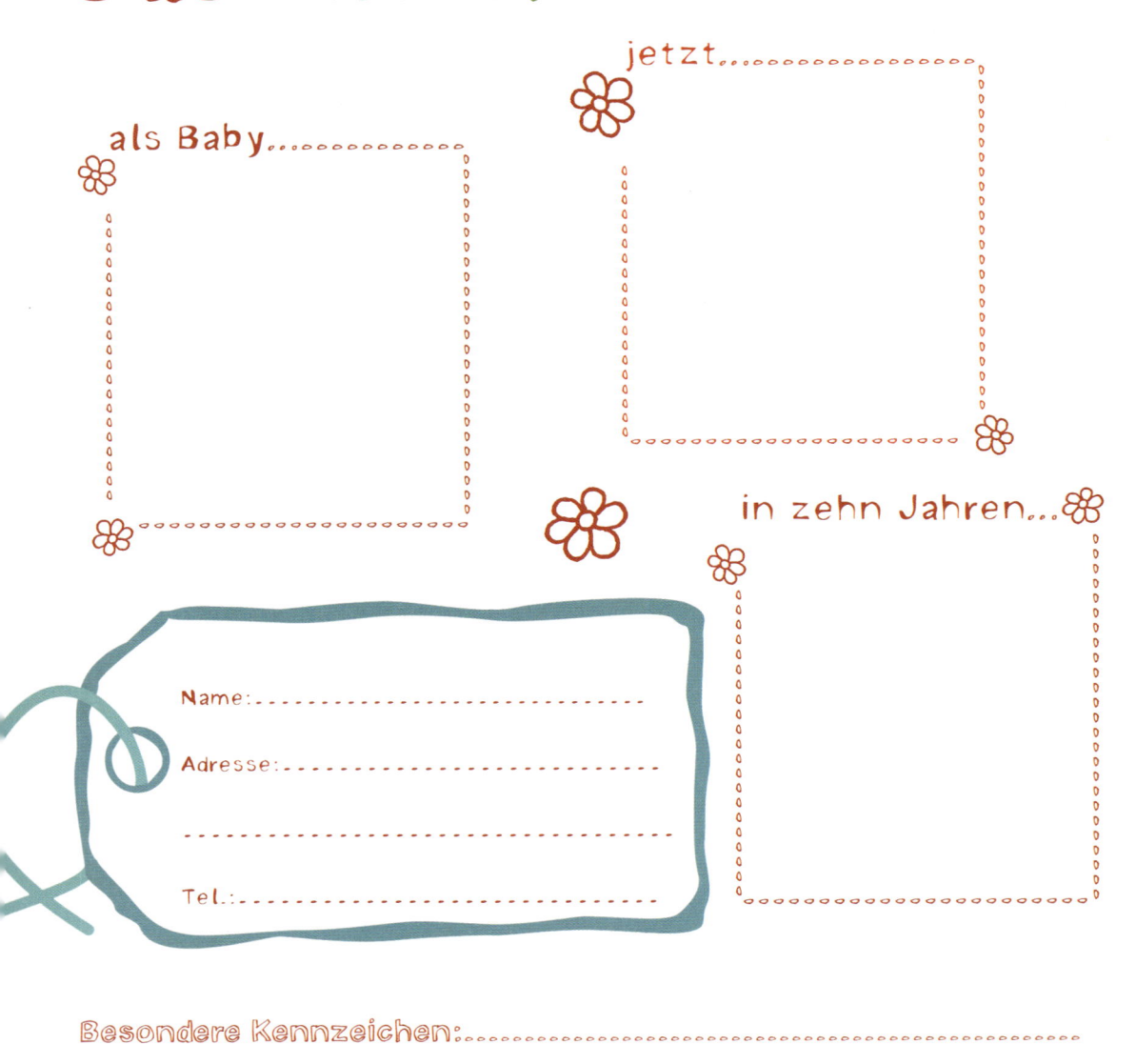

als Baby...

jetzt...

in zehn Jahren...

Name: ....

Adresse: ....

....

Tel.: ....

Besondere Kennzeichen: ....

So wohne ich jetzt:

Mit:
- O Mama
- O Papa
- O Oma
- O Opa
- O Schwester
- O Bruder
- O Freundin
- O Freund
- O andere

- O Katze
- O Hund
- O andere Tiere
- O Haus
- O Wohnung
- O Garten
- O Balkon
- O Stadt
- O Land

So wohne ich in zehn Jahren:

Mit:
- O Mama
- O Papa
- O Oma
- O Opa
- O Schwester
- O Bruder
- O Freundin
- O Freund
- O andere

- O Katze
- O Hund
- O andere Tiere
- O Haus
- O Wohnung
- O Garten
- O Balkon
- O Stadt
- O Land

MAU! UND AUF ZU SEITE 14, DA GEHT ES WEITER!

Auf zur großen Backaktion mit Freunden!

Nur welcher Keks gehört wem? VERZIERE DEINEN KEKS MIT DEINEM NAMEN UND AUCH SONST.

Jeder backt einen Keks für sich.

MAU! UND AUF ZU SEITE 22, DA GEHT ES WEITER!

Mein Name in kunterbunt und riesig:

Wie ich noch heiße: ....

....[Spitzname & Co]..........

Jetzt gerade [Datum:............/20....] bin ich ....alt.

Ab geht die Post ✉ –
und zwar an:

....
....
....

☎ Oder ruf doch mal an:

....

Und so sehe ich aus: ....

❁ Mit dir mache ich am liebsten:

....

Da bin ich am liebsten:..

Das schmeckt toll:...

Was ich nie essen würde:..

Der schlimmste Tag im Jahr:..

Und der tollste:...

Das ging voll daneben:...

Dafür ging das richtig gut:..

☀ **Das macht Spaß:**........   ☹ Das nicht:..................................

Das fehlt in meinem Zimmer:...

Was ich nie hergeben würde:...

Was ich vermisse:...

MAU! UND AUF ZU SEITE 14, DA GEHT ES WEITER!

Mein Lieblingsname: ....

... Mein richtiger Name: ...

📬 Da wohne ich:

☺ Und so sehe ich gerade aus:

☎ Da klingelt es bei mir:

🌍 Meine schönste Reise:

....

....

....

Mein Lieblingsort: ....

Mein schönstes Geschenk: ....

Mein blödestes Geschenk: ....

Ich grusel mich vor: ....

....

♡ Das macht mich froh:

Das macht mich sauer:

Der/die/das hat mir geholfen: ....

....

....

MIAU! UND AUF ZU SEITE 14, DA GEHT ES WEITER!

Das bin ich:

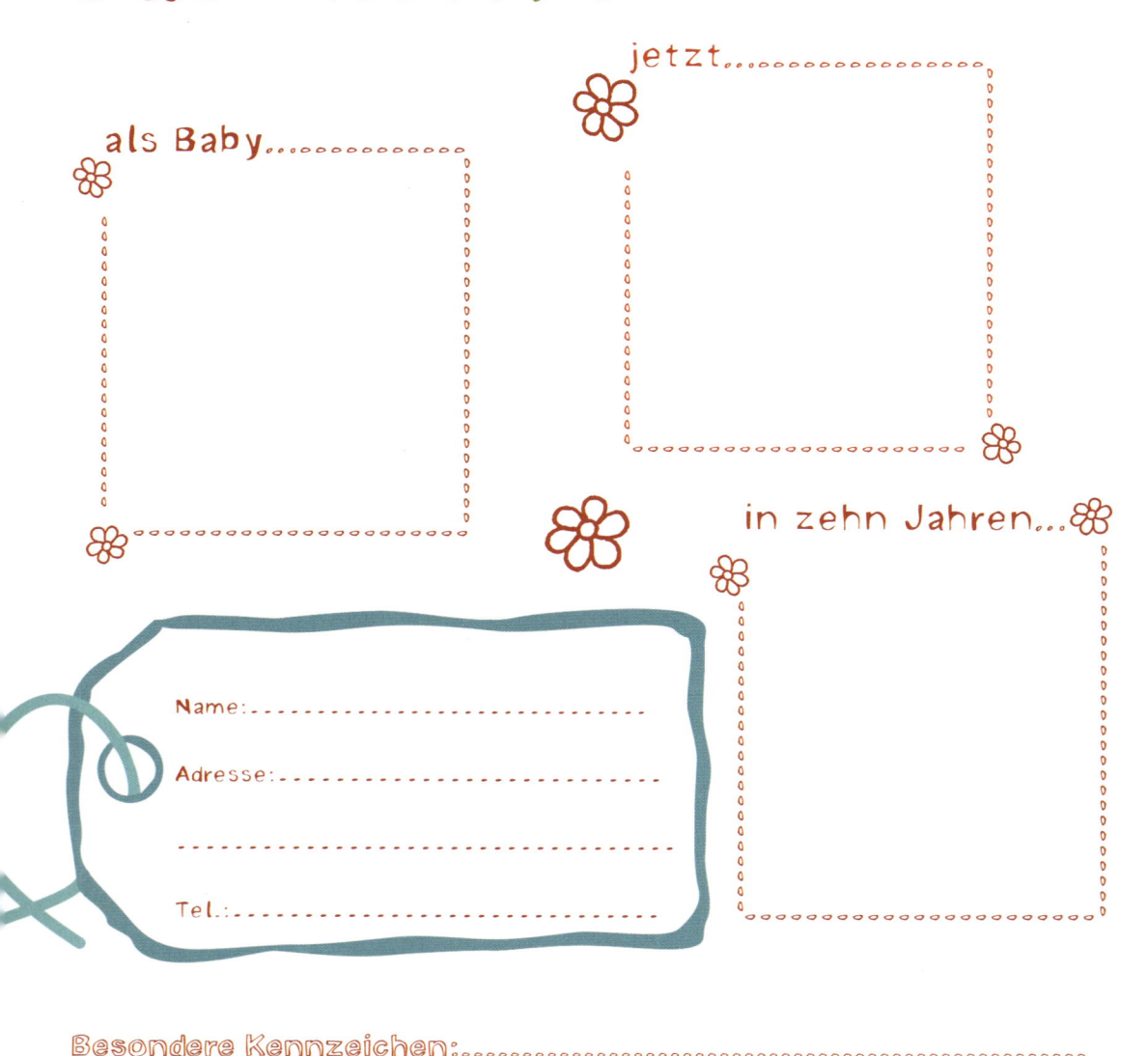

als Baby...

jetzt...

in zehn Jahren...

Name:

Adresse:

Tel.:

Besondere Kennzeichen:

So wohne ich jetzt:

Mit:
- O Mama
- O Papa
- O Oma
- O Opa
- O Schwester
- O Bruder
- O Freundin
- O Freund
- O andere

- O Katze
- O Hund
- O andere Tiere
- O Haus
- O Wohnung
- O Garten
- O Balkon
- O Stadt
- O Land

So wohne ich in zehn Jahren:

Mit:
- O Mama
- O Papa
- O Oma
- O Opa
- O Schwester
- O Bruder
- O Freundin
- O Freund
- O andere

- O Katze
- O Hund
- O andere Tiere
- O Haus
- O Wohnung
- O Garten
- O Balkon
- O Stadt
- O Land

MAU! UND AUF ZU SEITE 14, DA GEHT ES WEITER!

Lauter Lieblingsbücher

SCHREIB DEN TITEL DEINES LIEBLINGSBUCHS AUF EIN BUCH UND MALE ES BUNT AN.

MAU! UND AUF ZU SEITE 30, DA GEHT ES WEITER!

Mein Name in kunterbunt und riesig

Wie ich noch heiße: ....

..............................[Spitzname & Co] ....

Jetzt gerade [Datum:............/20....] bin ich ....alt.

Ab geht die Post 📧 –
und zwar an:

....
....

☎ Oder ruf doch mal an:
....

Und so sehe ich aus: ....

24

❀ Mit dir mache ich am liebsten:

....

Da bin ich am liebsten:..

Das schmeckt toll:..

Was ich nie essen würde:..

Der schlimmste Tag im Jahr:..

Und der tollste:..

Das ging voll daneben:..

Dafür ging das richtig gut:..

☀ **Das macht Spaß:**........ ☹ Das nicht:..............

Das fehlt in meinem Zimmer:..

Was ich nie hergeben würde:..

Was ich vermisse:..

MAU! UND AUF ZU SEITE 14, DA GEHT ES WEITER!

Mein Lieblingsname:

... Mein richtiger Name:...

📬 Da wohne ich:

☎ Da klingelt es bei mir:

☺ Und so sehe ich gerade aus:

Meine schönste Reise:

....

....

....

Mein Lieblingsort: ....

Mein schönstes Geschenk: ....

Mein blödestes Geschenk: ....

Ich grusel mich vor: ....

....

♡ Das macht mich froh:

😣 Das macht mich sauer:

Der/die/das hat mir geholfen: ....

....

....

MAU! UND AUF ZU SEITE 14, DA GEHT ES WEITER!

Das bin ich:

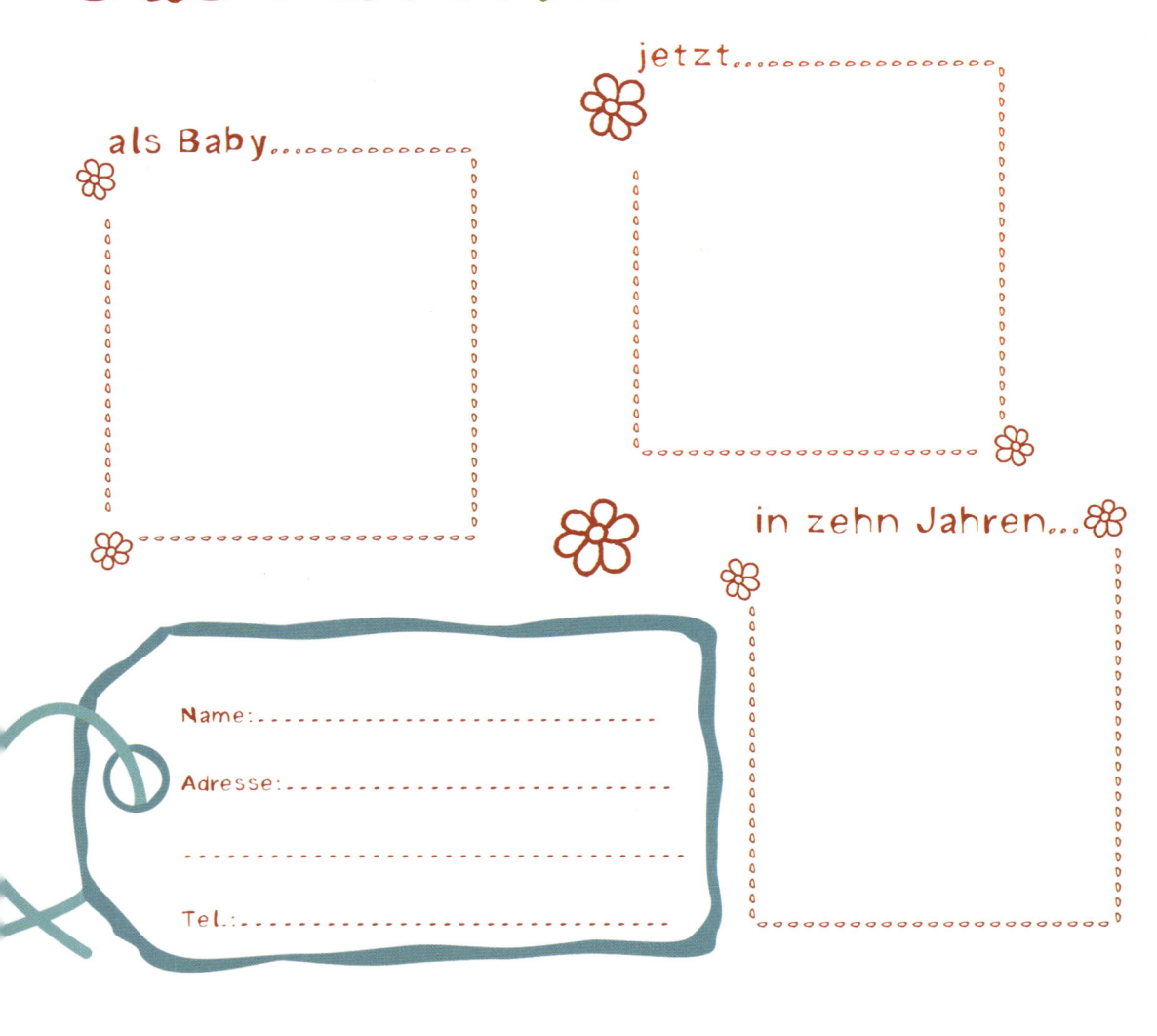

als Baby...

jetzt...

in zehn Jahren...

Name:
Adresse:

Tel.:

Besondere Kennzeichen:

So wohne ich jetzt:

Mit:
- O Mama
- O Papa
- O Oma
- O Opa
- O Schwester
- O Bruder
- O Freundin
- O Freund
- O andere

- O Katze
- O Hund
- O andere Tiere
- O Haus
- O Wohnung
- O Garten
- O Balkon
- O Stadt
- O Land

So wohne ich in zehn Jahren:

Mit:
- O Mama
- O Papa
- O Oma
- O Opa
- O Schwester
- O Bruder
- O Freundin
- O Freund
- O andere

- O Katze
- O Hund
- O andere Tiere
- O Haus
- O Wohnung
- O Garten
- O Balkon
- O Stadt
- O Land

MAU! UND AUF ZU SEITE 14, DA GEHT ES WEITER!

Verloren im Getümmel –

Da war eindeutig Kater Mau am Werk und hat alles durcheinandergebracht.
MALE DEINEN SCHAL IN DEINEN WUNSCHFARBEN UND DEINEM WUNSCHMUSTER AN UND SCHREIBE DEINE INITIALEN DARAUF.

wo ist mein Schal?

MAU! UND AUF ZU SEITE 34, DA GEHT ES WEITER!

Mein Name in kunterbunt und riesig

Wie ich noch heiße: ....

.... [Spitzname & Co]

Jetzt gerade [Datum:........../20....] bin ich ....alt.

Ab geht die Post ✉ – und zwar an:

....
....
....

☎ Oder ruf doch mal an:

....

© Und so sehe ich aus: ....

❀ Mit dir mache ich am liebsten:

....

Da bin ich am liebsten:..

Das schmeckt toll:..

Was ich nie essen würde:...

Der schlimmste Tag im Jahr:..

Und der tollste:..

Das ging voll daneben:...

Dafür ging das richtig gut:...

☼ **Das macht Spaß:**......

☹ Das nicht:................

Das fehlt in meinem Zimmer:..

Was ich nie hergeben würde:...

Was ich vermisse:..

MAU! UND AUF ZU SEITE 14, DA GEHT ES WEITER!

DAS GEHT GAR NICHT!

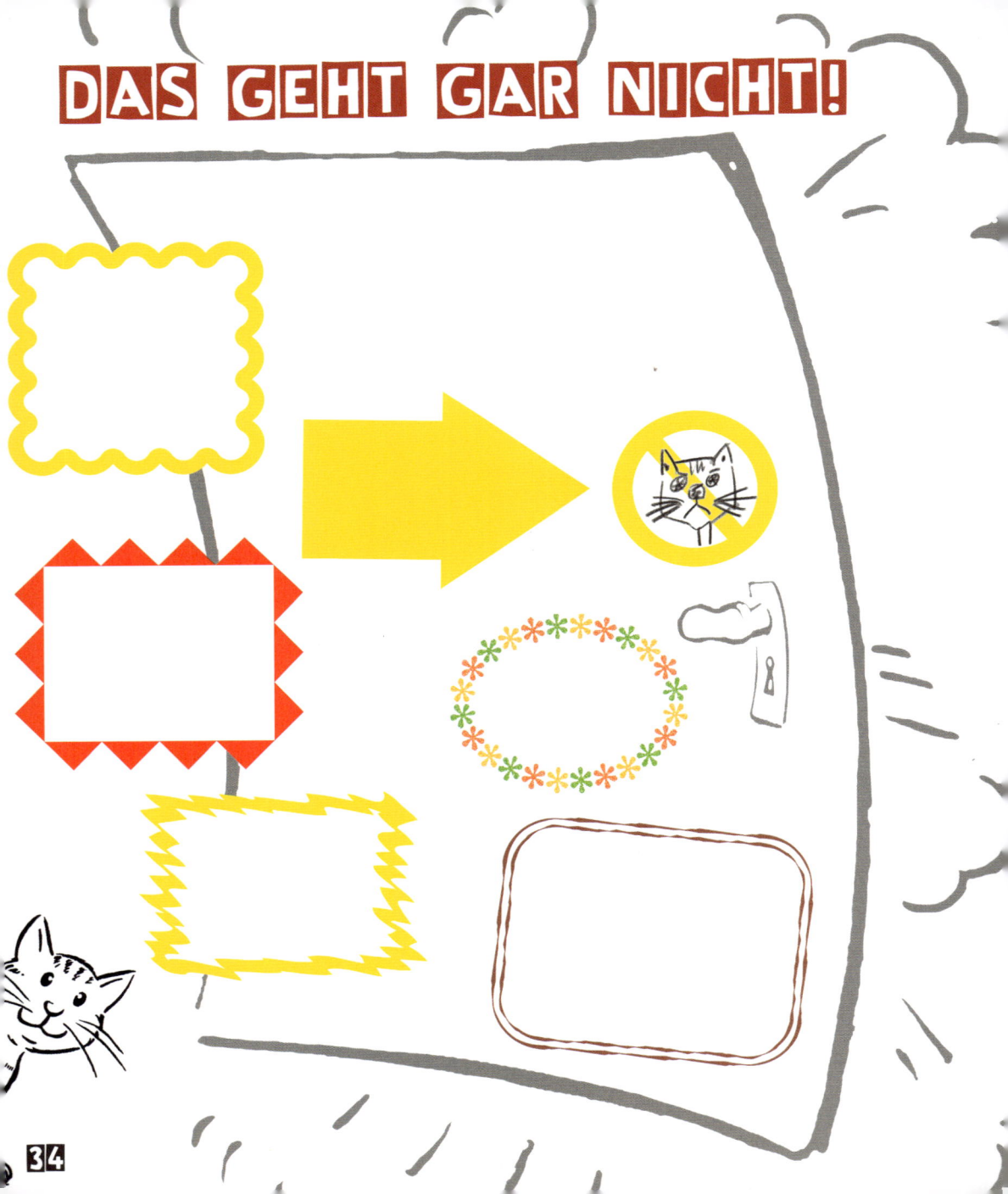

FÜLLE DEIN EIGENES VERBOTSSCHILD FÜR DEIN ZIMMER AUS.

NICHT STÖREN
ICH ....

MAU! UND AUF ZU SEITE 42, DA GEHT ES WEITER!

Mein Name in kunterbunt und riesig

Wie ich noch heiße: ....

[Spitzname & Co] ....

Jetzt gerade [Datum: ..../20....] bin ich .... alt.

Ab geht die Post – und zwar an:
....
....

Oder ruf doch mal an:
....

Und so sehe ich aus: ....

❀ Mit dir mache ich am liebsten:

....

Da bin ich am liebsten:..

Das schmeckt toll:...

Was ich nie essen würde: ....

Der schlimmste Tag im Jahr:...

Und der tollste:...

Das ging voll daneben:..

Dafür ging das richtig gut:..

☀ **Das macht Spaß:**........   ☹ Das nicht:........................

Das fehlt in meinem Zimmer:..

Was ich nie hergeben würde:..

Was ich vermisse:..

MAU! UND AUF ZU SEITE 14, DA GEHT ES WEITER!

Mein Lieblingsname: ....

... Mein richtiger Name: ...

Da wohne ich:

....
....
....

Da klingelt es bei mir:

....

Und so sehe ich gerade aus:

🌍 Meine schönste Reise:
....
....
....

Mein Lieblingsort:...
Mein schönstes Geschenk:..
Mein blödestes Geschenk:..
Ich grusel mich vor:.. 👐
....

♡ Das macht mich froh: ### 😠 Das macht mich sauer:

Der/die/das hat mir geholfen:..
....
....

MAU! UND AUF ZU SEITE 14, DA GEHT ES WEITER!

Das bin ich:

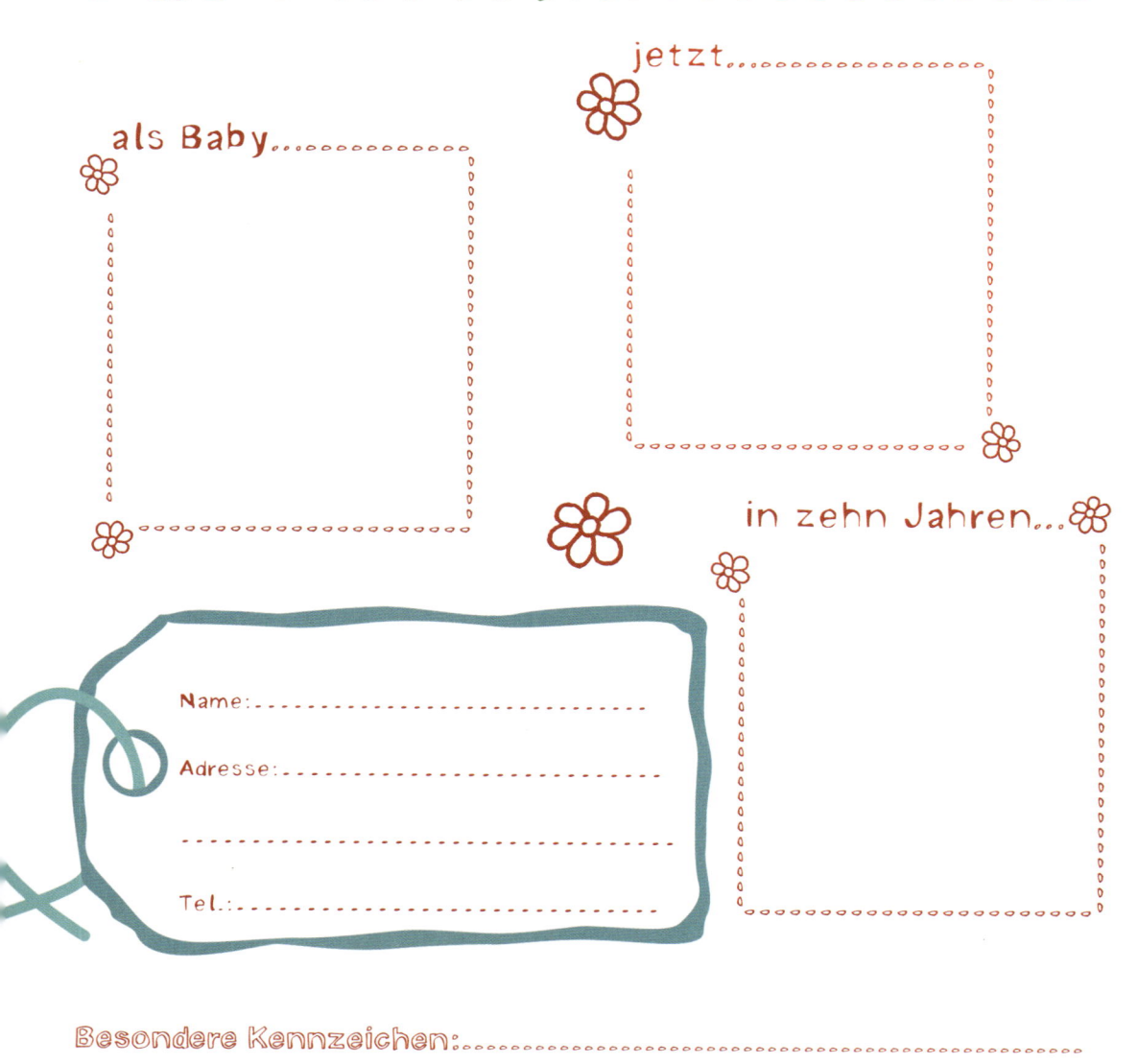

als Baby...

jetzt...

in zehn Jahren...

Name: _____

Adresse: _____

_____

Tel.: _____

Besondere Kennzeichen: _____

So wohne ich jetzt:

Mit:
- ○ Mama
- ○ Papa
- ○ Oma
- ○ Opa
- ○ Schwester
- ○ Bruder
- ○ Freundin
- ○ Freund
- ○ andere

- ○ Katze
- ○ Hund
- ○ andere Tiere
- ○ Haus
- ○ Wohnung
- ○ Garten
- ○ Balkon
- ○ Stadt
- ○ Land

So wohne ich in zehn Jahren:

Mit:
- ○ Mama
- ○ Papa
- ○ Oma
- ○ Opa
- ○ Schwester
- ○ Bruder
- ○ Freundin
- ○ Freund
- ○ andere

- ○ Katze
- ○ Hund
- ○ andere Tiere
- ○ Haus
- ○ Wohnung
- ○ Garten
- ○ Balkon
- ○ Stadt
- ○ Land

MAU! UND AUF ZU SEITE 14, DA GEHT ES WEITER!

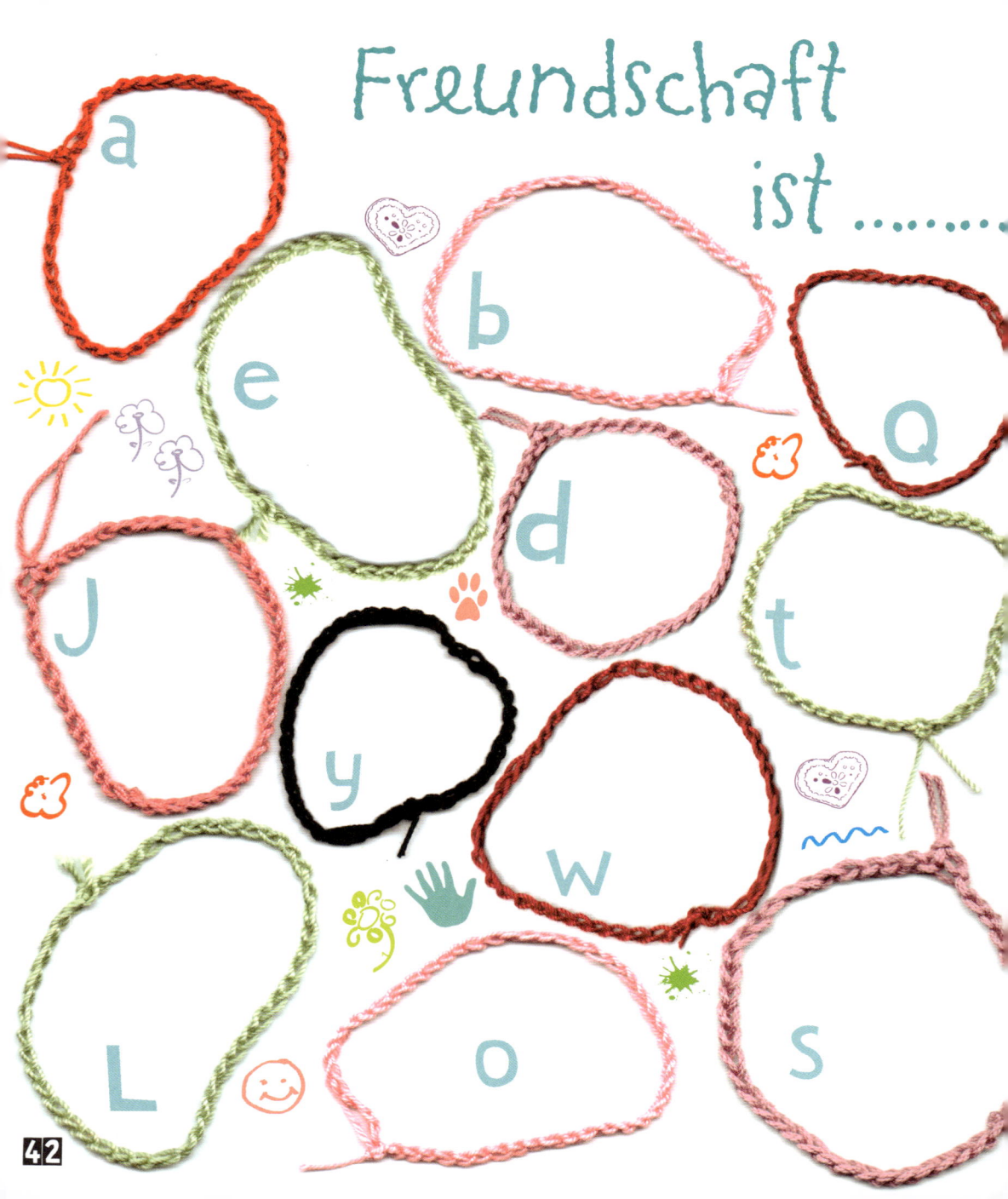

Freundschaft ist ....

a

b

e

Q

d

J

t

y

W

L

o

S

42

Such dir einen Buchstaben aus dem ABC aus und schreibe ein Wort auf, das mit dem Buchstaben anfängt und beschreibt, was Freundschaft für dich ist.

P m f x i k z N R c U H G V

MAU! UND AUF ZU SEITE 44, DA GEHT ES WEITER!

Freundschaft ist NICHT......

Such dir einen Buchstaben aus dem ABC aus und schreibe ein Wort auf, das mit dem Buchstaben anfängt und beschreibt, was Freundschaft für dich nicht ist.

a b c d e f g h i j k

L M N

O P R

Q

S

T U V

W X Y Z

MAU! UND AUF ZU SEITE 52, DA GEHT ES WEITER!

Mein Name in kunterbunt und riesig...

Wie ich noch heiße: ....

[Spitzname & Co] ....

Jetzt gerade [Datum:........./20....] bin ich .... alt.

Ab geht die Post ✉ – und zwar an:

....
....

☎ Oder ruf doch mal an:
....

Und so sehe ich aus: ....

❀ Mit dir mache ich am liebsten:

....

Da bin ich am liebsten:..

Das schmeckt toll:..

Was ich nie essen würde: ....

Der schlimmste Tag im Jahr:...

Und der tollste:..

Das ging voll daneben:..

Dafür ging das richtig gut:..

☀ **Das macht Spaß:**........   ☹ Das nicht:........................

Das fehlt in meinem Zimmer:..

Was ich nie hergeben würde:..

Was ich vermisse:...

MAU! UND AUF ZU SEITE 14, DA GEHT ES WEITER!

Mein Lieblingsname: ....

... Mein richtiger Name: ...

📬 Da wohne ich:

....
....
....

☎ Da klingelt es bei mir:

....

😊 Und so sehe ich gerade aus:

Meine schönste Reise:

....
....
....

Mein Lieblingsort: ....

Mein schönstes Geschenk: ....

Mein blödestes Geschenk: ....

Ich grusel mich vor: ....

....

♡ Das macht mich froh:

☹ Das macht mich sauer:

Der/die/das hat mir geholfen: ....

....
....

MAU! UND AUF ZU SEITE 14, DA GEHT ES WEITER!

Das bin ich:

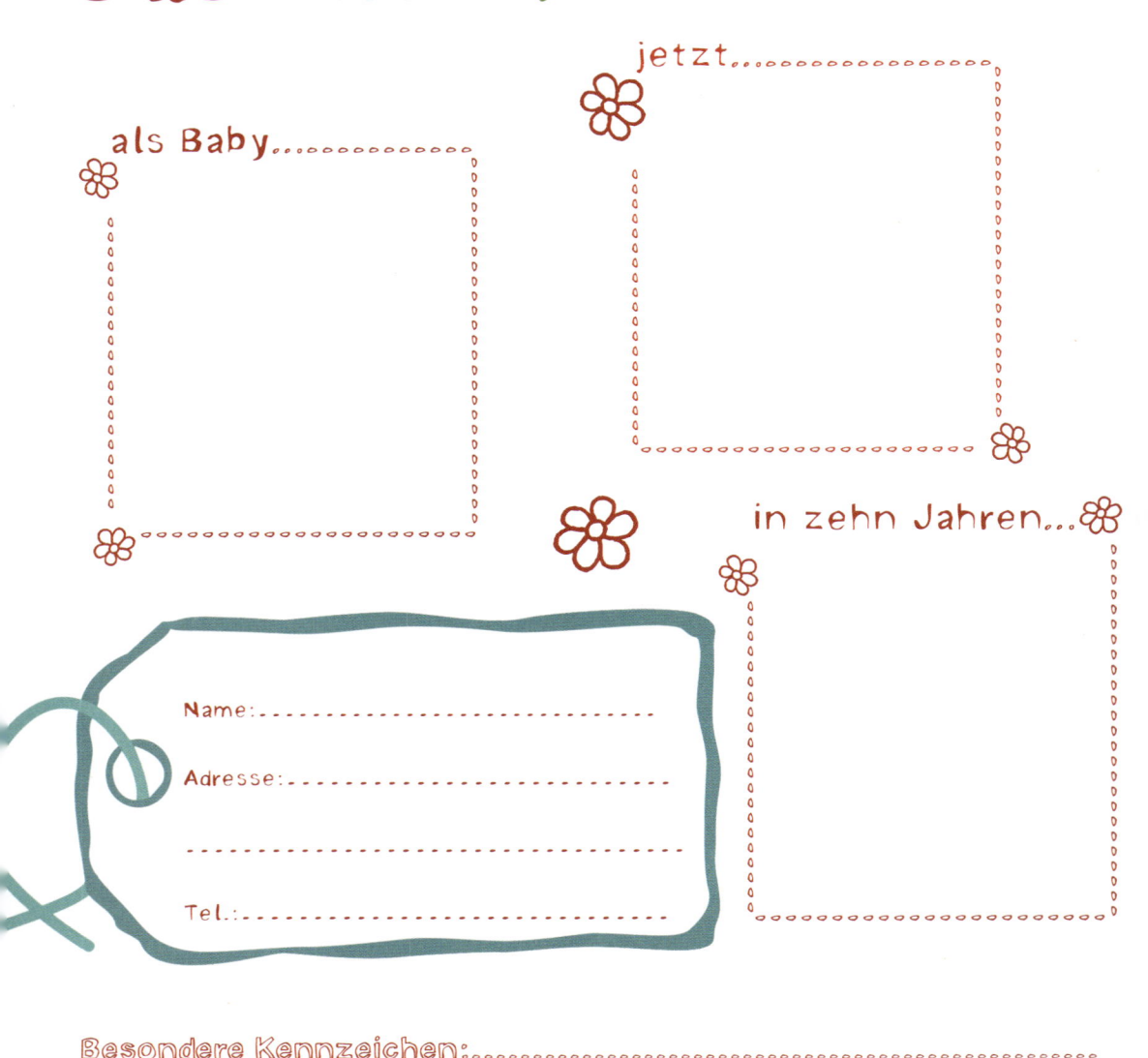

als Baby...

jetzt...

in zehn Jahren...

Name: ....
Adresse: ....
....
Tel.: ....

Besondere Kennzeichen: ....
....

So wohne ich jetzt:

Mit:
- ○ Mama
- ○ Papa
- ○ Oma
- ○ Opa
- ○ Schwester
- ○ Bruder
- ○ Freundin
- ○ Freund
- ○ andere

- ○ Katze
- ○ Hund
- ○ andere Tiere
- ○ Haus
- ○ Wohnung
- ○ Garten
- ○ Balkon
- ○ Stadt
- ○ Land

So wohne ich in zehn Jahren:

Mit:
- ○ Mama
- ○ Papa
- ○ Oma
- ○ Opa
- ○ Schwester
- ○ Bruder
- ○ Freundin
- ○ Freund
- ○ andere

- ○ Katze
- ○ Hund
- ○ andere Tiere
- ○ Haus
- ○ Wohnung
- ○ Garten
- ○ Balkon
- ○ Stadt
- ○ Land

MAU! UND AUF ZU SEITE 14, DA GEHT ES WEITER!

Mau!

SCHNELL! ZEICHNE EINEN FREUND FÜR KATER MAU, DAMIT ER NICHT MEHR SO ALLEINE IST.

Suche meine Freunde

MAU! UND AUF ZU SEITE 56, DA GEHT ES WEITER!

Mein Name in kunterbunt und riesig

Wie ich noch heiße: ....

.... [Spitzname & Co]

Jetzt gerade [Datum:............/20....] bin ich .... alt.

Ab geht die Post 📧 – und zwar an:

....
....

☎ Oder ruf doch mal an:

....

Und so sehe ich aus: ....

❀ Mit dir mache ich am liebsten:

....

Da bin ich am liebsten:..

Das schmeckt toll:..

Was ich nie essen würde: ....

Der schlimmste Tag im Jahr:..

Und der tollste:..

Das ging voll daneben:..

Dafür ging das richtig gut:..

☀ **Das macht Spaß:**........   ☹ Das nicht:......................

Das fehlt in meinem Zimmer:..

Was ich nie hergeben würde:..

Was ich vermisse:..

MAU! UND AUF ZU SEITE 14, DA GEHT ES WEITER!

Wir bleiben Freunde, auch wenn du ....

umziehst

Mathe magst

immer zu spät kommst

Mau! Was für ein Schreck,
mein Fisch ist nahezu weg!
Du hast ihn gemopst,
bist einfach zum Teller gehopst.
Das ist doof und nicht schön.
Aber uns're Freundschaft bleibt trotzdem besteh'n.

MAU! UND AUF ZU SEITE 62, DA GEHT ES WEITER!

Mein **Lieblingsname:**

... **Mein richtiger Name:** ...

Da wohne ich:

Und so sehe ich gerade aus:

Da klingelt es bei mir:

Meine schönste Reise:

....
....
....

Mein Lieblingsort:..
Mein schönstes Geschenk:..
Mein blödestes Geschenk:..
Ich grusel mich vor:..
....

♡ Das macht mich froh: ## ☹ Das macht mich sauer:

Der/die/das hat mir geholfen:..
....
....

MAU! UND AUF ZU SEITE 14, DA GEHT ES WEITER!

Das bin ich:

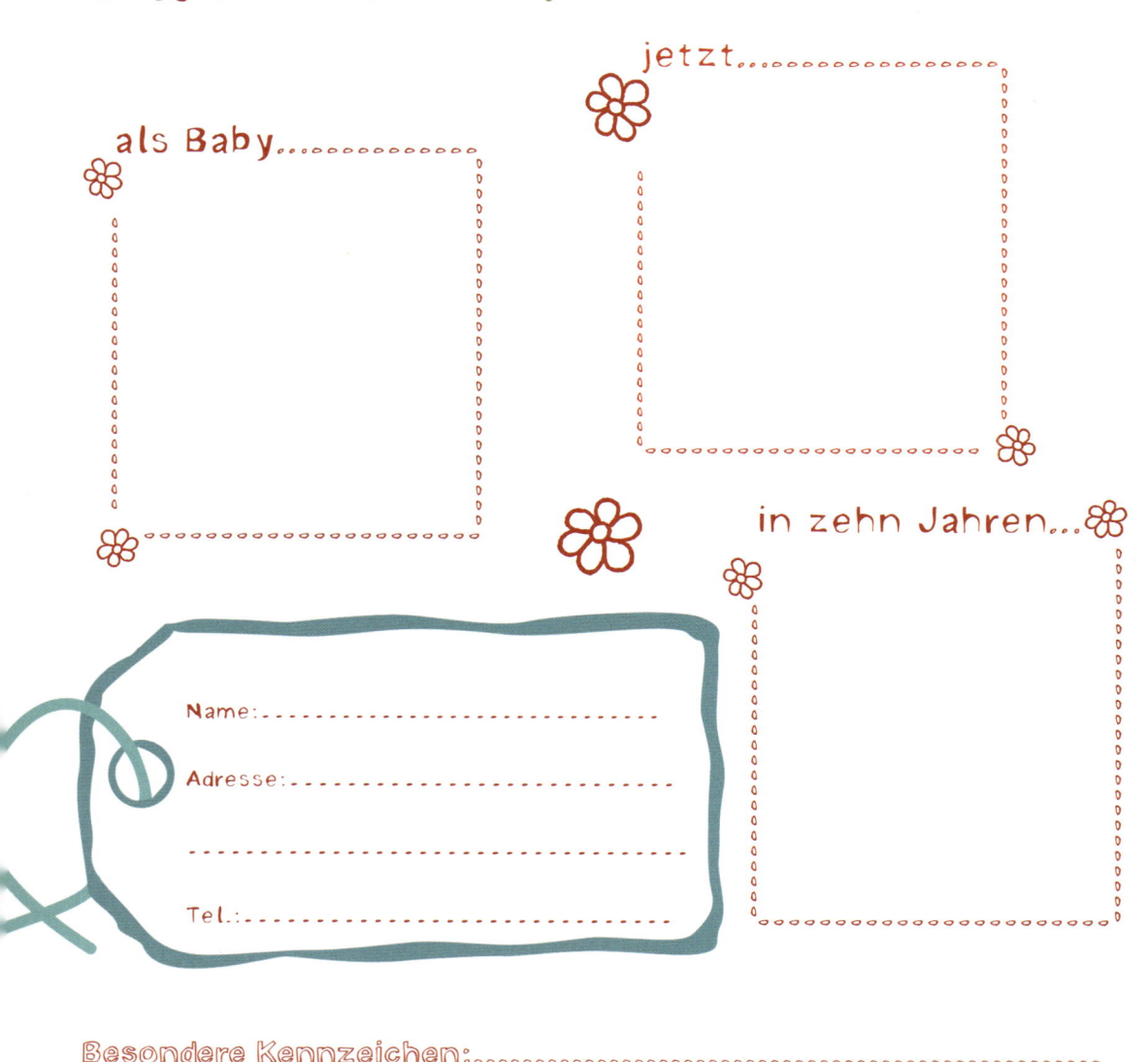

als Baby...

jetzt...

in zehn Jahren...

Name: ....

Adresse: ....

....

Tel.: ....

Besondere Kennzeichen: ....

So wohne ich jetzt:

Mit:
- O Mama
- O Papa
- O Oma
- O Opa
- O Schwester
- O Bruder
- O Freundin
- O Freund
- O andere

- O Katze
- O Hund
- O andere Tiere
- O Haus
- O Wohnung
- O Garten
- O Balkon
- O Stadt
- O Land

So wohne ich in zehn Jahren:

Mit:
- O Mama
- O Papa
- O Oma
- O Opa
- O Schwester
- O Bruder
- O Freundin
- O Freund
- O andere

- O Katze
- O Hund
- O andere Tiere
- O Haus
- O Wohnung
- O Garten
- O Balkon
- O Stadt
- O Land

MAU! UND AUF ZU SEITE 14, DA GEHT ES WEITER!

Hätt ich dich heut erwartet,

hätt ich .... da!

MALE AUF DEN TISCH – ODER DARUNTER –, WAS DU FÜR DEINE FREUNDE GERN IM HAUS HÄTTEST.

MAU! UND AUF ZU SEITE 70, DA GEHT ES WEITER!

Mein Name in kunterbunt und riesig...

Wie ich noch heiße: ....

.... [Spitzname & Co]

Jetzt gerade [Datum:........./20....] bin ich .... alt.

Ab geht die Post 📧 –
und zwar an:

....

....

☎ Oder ruf doch mal an:

....

Und 😊 so sehe ich aus: ......

❀ Mit dir mache ich am liebsten:
....

Da bin ich am liebsten:..

Das schmeckt toll:...

Was ich nie essen würde:...

Der schlimmste Tag im Jahr:..

Und der tollste:..

Das ging voll daneben:..

Dafür ging das richtig gut:..

☀ Das macht Spaß:........ | ... ☹ Das nicht:.................

Das fehlt in meinem Zimmer:..

Was ich nie hergeben würde:...

Was ich vermisse:...

MAU! UND AUF ZU SEITE 14, DA GEHT ES WEITER!

Mein Lieblingsname:

... Mein richtiger Name:...

📮 **Da wohne ich:**

....
....
....

☺ **Und so sehe ich gerade aus:**

☎ **Da klingelt es bei mir:**

....

🌍 Meine schönste Reise:

....

....

....

Mein Lieblingsort:..

Mein schönstes Geschenk:..

Mein blödestes Geschenk: ....

Ich grusel mich vor:.. 👐

....

♡ Das macht mich froh:

😠 Das macht mich sauer:

Der/die/das hat mir geholfen:...

....

....

MAU! UND AUF ZU SEITE 14, DA GEHT ES WEITER! 🐈

Das bin ich:

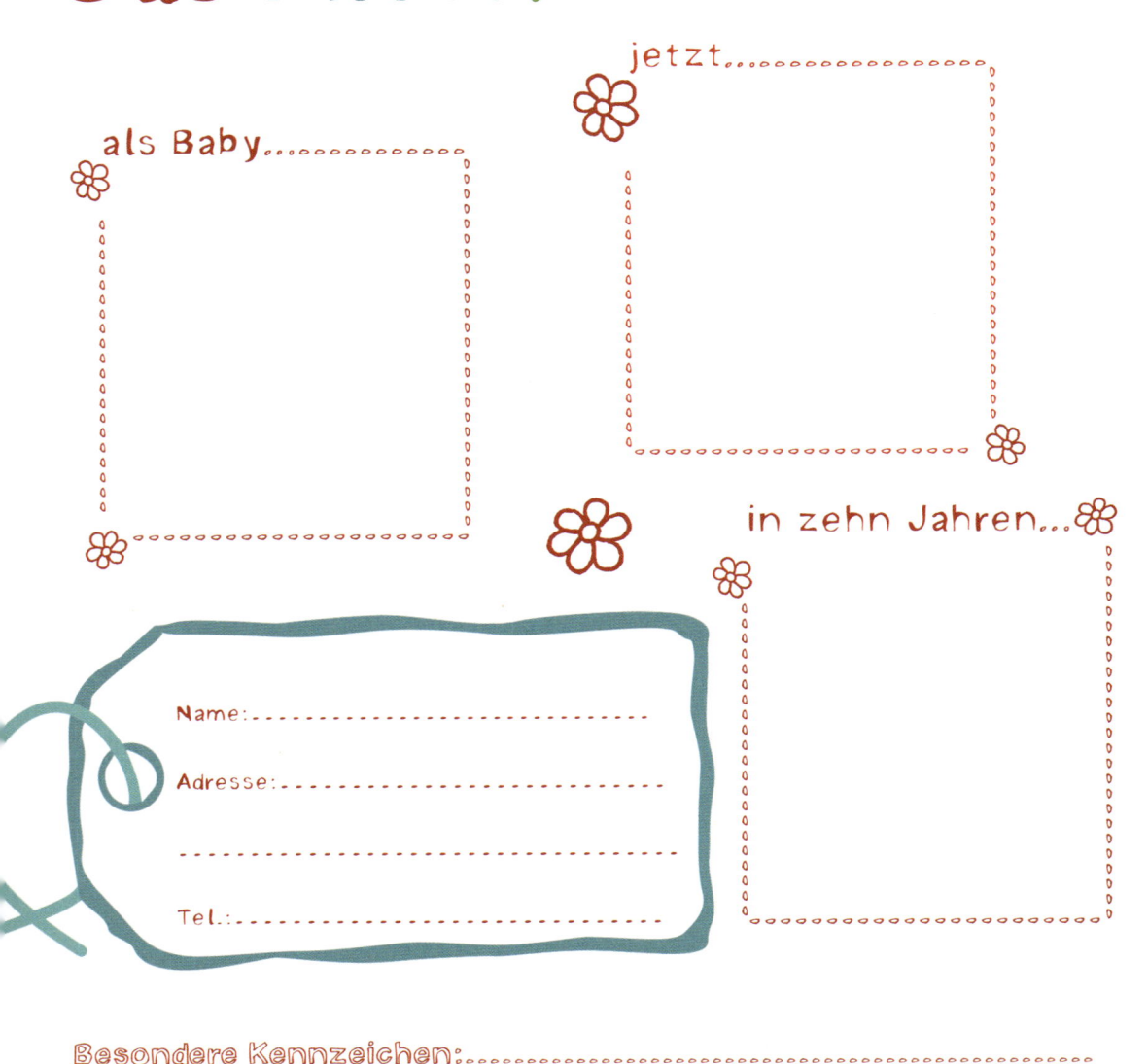

als Baby...

jetzt...

in zehn Jahren...

Name: ....

Adresse: ....

....

Tel.: ....

Besondere Kennzeichen: ....

So wohne ich jetzt:

Mit:
- O Mama
- O Papa
- O Oma
- O Opa
- O Schwester
- O Bruder
- O Freundin
- O Freund
- O andere

- O Katze
- O Hund
- O andere Tiere
- O Haus
- O Wohnung
- O Garten
- O Balkon
- O Stadt
- O Land

So wohne ich in zehn Jahren:

Mit:
- O Mama
- O Papa
- O Oma
- O Opa
- O Schwester
- O Bruder
- O Freundin
- O Freund
- O andere

- O Katze
- O Hund
- O andere Tiere
- O Haus
- O Wohnung
- O Garten
- O Balkon
- O Stadt
- O Land

MAU! UND AUF ZU SEITE 14, DA GEHT ES WEITER!

ich wollt, ich wär .....

MALE DAS TIER AUF DIE SEITE, DAS DU AM LIEBSTEN WÄRST.

"Ich hätt nicht viel zu tun."

"Ich hätt 'ne weiche Nase."

MAU! UND AUF ZU SEITE 74, DA GEHT ES WEITER!

Mein Name in kunterbunt und riesig

Wie ich noch heiße: ....

[Spitzname & Co] ....

Jetzt gerade [Datum:............/20....] bin ich ....alt.

Ab geht die Post – und zwar an:

....

....

Oder ruf doch mal an:

....

Und so sehe ich aus: ....

❀ Mit dir mache ich am liebsten:

....

Da bin ich am liebsten:..

Das schmeckt toll:..

Was ich nie essen würde: ....

Der schlimmste Tag im Jahr:...

Und der tollste:..

Das ging voll daneben:...

Dafür ging das richtig gut:..

☀ Das macht Spaß:

☹ Das nicht:

Das fehlt in meinem Zimmer:..

Was ich nie hergeben würde:...

Was ich vermisse:..

MAU! UND AUF ZU SEITE 14, DA GEHT ES WEITER!

Für dich!

WAS SCHREIBST DU DEINEN BESTEN FREUNDEN IN IHREN GLÜCKSKEKS?

MIAU! UND AUF ZU SEITE 80, DA GEHT ES WEITER!

Mein Lieblingsname:

... Mein richtiger Name:...

Da wohne ich:

Da klingelt es bei mir:

☺ Und so sehe ich gerade aus:

🌍 Meine schönste Reise:
....
....
....

Mein Lieblingsort:..
Mein schönstes Geschenk:..
Mein blödestes Geschenk:..
Ich grusel mich vor:.. 👐
....

♡ Das macht mich froh:

😠 Das macht mich sauer:

Der/die/das hat mir geholfen:..
....
....

MAU! UND AUF ZU SEITE 14, DA GEHT ES WEITER! 🐱

Das bin ich:

als Baby...

jetzt...

in zehn Jahren...

Name: ....

Adresse: ....

....

Tel.: ....

Besondere Kennzeichen: ....

....

So wohne ich jetzt:

Mit:
- ○ Mama
- ○ Papa
- ○ Oma
- ○ Opa
- ○ Schwester
- ○ Bruder
- ○ Freundin
- ○ Freund
- ○ andere

- ○ Katze
- ○ Hund
- ○ andere Tiere
- ○ Haus
- ○ Wohnung
- ○ Garten
- ○ Balkon
- ○ Stadt
- ○ Land

So wohne ich in zehn Jahren:

Mit:
- ○ Mama
- ○ Papa
- ○ Oma
- ○ Opa
- ○ Schwester
- ○ Bruder
- ○ Freundin
- ○ Freund
- ○ andere

- ○ Katze
- ○ Hund
- ○ andere Tiere
- ○ Haus
- ○ Wohnung
- ○ Garten
- ○ Balkon
- ○ Stadt
- ○ Land

MAU! UND AUF ZU SEITE 14, DA GEHT ES WEITER!

Voll daneben!

Heute bin ich schon mit Oskar verabredet.

WELCHEN SATZ ODER SPRUCH VON FREUNDEN KANNST DU WIRKLICH ÜBERHAUPT NICHT LEIDEN?

Mal sehen...

... ja gleich!

MAU! UND AUF ZU SEITE 88, DA GEHT ES WEITER!

Mein Name in kunterbunt und riesig

Wie ich noch heiße: ....

.... [Spitzname & Co]

Jetzt gerade [Datum:.........../20....] bin ich .... alt.

Ab geht die Post – und zwar an:

....
....

Oder ruf doch mal an:
....

Und so sehe ich aus: ....

❀ Mit dir mache ich am liebsten:

....

Da bin ich am liebsten:..

Das schmeckt toll:...

Was ich nie essen würde: ....

Der schlimmste Tag im Jahr:..

Und der tollste:...

Das ging voll daneben:...

Dafür ging das richtig gut:..

☀ **Das macht Spaß:**......	☹ Das nicht:..................

Das fehlt in meinem Zimmer:..

Was ich nie hergeben würde:..

Was ich vermisse:...

MAU! UND AUF ZU SEITE 14, DA GEHT ES WEITER!

Mein Lieblingsname:

... Mein richtiger Name:

Da wohne ich:

Da klingelt es bei mir:

Und so sehe ich gerade aus:

🌍 Meine schönste Reise:

....

....

....

Mein Lieblingsort:...

Mein schönstes Geschenk:..

Mein blödestes Geschenk:..

Ich grusel mich vor:... 👐

....

♡ Das macht mich froh:

😢 Das macht mich sauer:

Der/die/das hat mir geholfen:..

....

....

MAU! UND AUF ZU SEITE 14, DA GEHT ES WEITER! 🐈

Das bin ich:

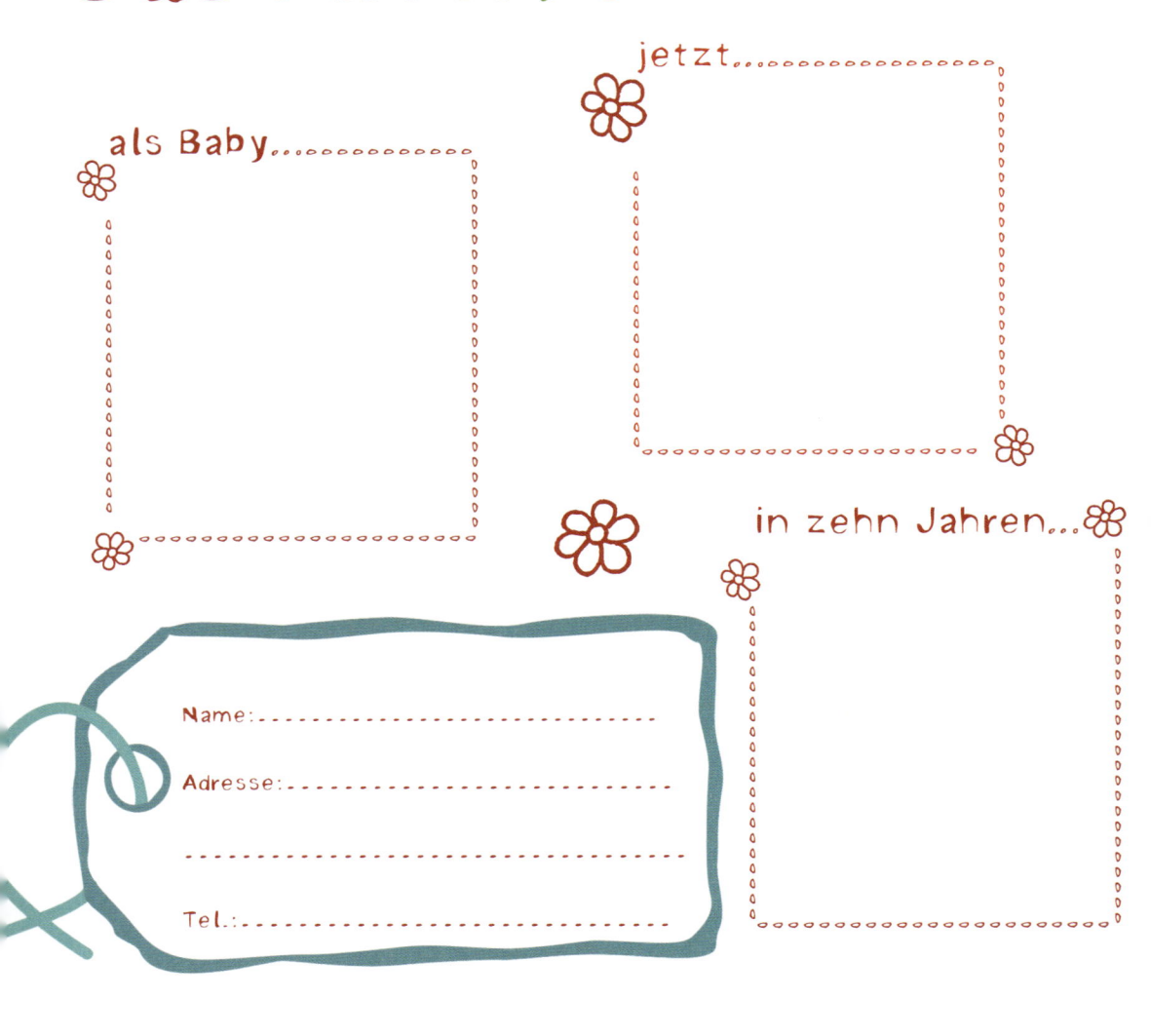

als Baby...

jetzt...

in zehn Jahren...

Name: ....
Adresse: ....
....
Tel.: ....

Besondere Kennzeichen: ....
....

So wohne ich jetzt:

Mit:
- ○ Mama
- ○ Papa
- ○ Oma
- ○ Opa
- ○ Schwester
- ○ Bruder
- ○ Freundin
- ○ Freund
- ○ andere

- ○ Katze
- ○ Hund
- ○ andere Tiere
- ○ Haus
- ○ Wohnung
- ○ Garten
- ○ Balkon
- ○ Stadt
- ○ Land

So wohne ich in zehn Jahren:

Mit:
- ○ Mama
- ○ Papa
- ○ Oma
- ○ Opa
- ○ Schwester
- ○ Bruder
- ○ Freundin
- ○ Freund
- ○ andere

- ○ Katze
- ○ Hund
- ○ andere Tiere
- ○ Haus
- ○ Wohnung
- ○ Garten
- ○ Balkon
- ○ Stadt
- ○ Land

MAU! UND AUF ZU SEITE 14, DA GEHT ES WEITER!

Let the music PLAY!

SCHREIBE ZWEI LIEDER AUF, DIE UNBEDINGT AUF DEN MP3-PLAYER DEINER BESTEN FREUNDE MÜSSEN.

MAU! UND AUF ZU SEITE 92, DA GEHT ES WEITER!

Mein Name in kunterbunt und riesig

Wie ich noch heiße: ....

...............................[Spitzname & Co].............

Jetzt gerade [Datum:........../20....] bin ich ....alt.

Ab geht die Post – und zwar an:

....
....

☎ Oder ruf doch mal an:
....

☺ Und so sehe ich aus: ...

❀ Mit dir mache ich am liebsten:

....

Da bin ich am liebsten:..

Das schmeckt toll:..

Was ich nie essen würde: ....

Der schlimmste Tag im Jahr:..

Und der tollste:...

Das ging voll daneben:...

Dafür ging das richtig gut:...

☀ **Das macht Spaß:**...... ☹ Das nicht:..................................

Das fehlt in meinem Zimmer:...

Was ich nie hergeben würde:...

Was ich vermisse:...

MAU! UND AUF ZU SEITE 14, DA GEHT ES WEITER!

Hmmmm! Yummy!

MALE EINEN TELLER MIT DEINEM LIEBLINGSESSEN AUF DIE PICKNICKDECKE!

MIAU! UND AUF ZU SEITE 98, DA GEHT ES WEITER!

Mein **Lieblingsname:**

... Mein richtiger Name:...

Da wohne ich:

Und 😊 so sehe ich gerade aus:

Da klingelt es bei mir:

Meine schönste Reise:

....
....
....

Mein Lieblingsort: ....
Mein schönstes Geschenk: ....
Mein blödestes Geschenk: ....
Ich grusel mich vor: ....
....

♡ Das macht mich froh:

😖 Das macht mich sauer:

Der/die/das hat mir geholfen: ....
....
....

MAU! UND AUF ZU SEITE 14, DA GEHT ES WEITER!

Das bin ich:

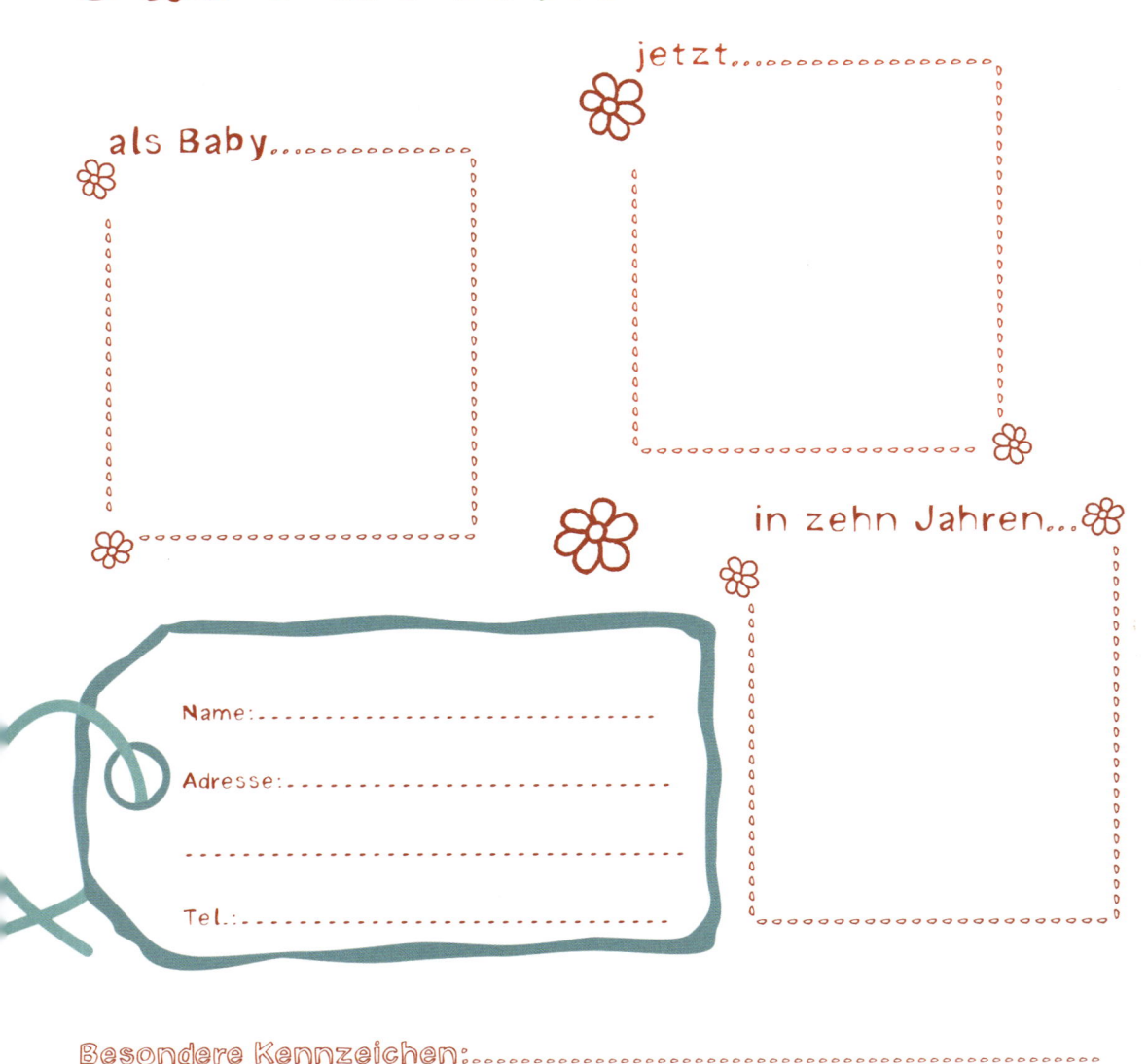

als Baby...

jetzt...

in zehn Jahren...

Name: ....

Adresse: ....

....

Tel.: ....

Besondere Kennzeichen: ....
....

So wohne ich jetzt:

Mit:
- ○ Mama
- ○ Papa
- ○ Oma
- ○ Opa
- ○ Schwester
- ○ Bruder
- ○ Freundin
- ○ Freund
- ○ andere

- ○ Katze
- ○ Hund
- ○ andere Tiere
- ○ Haus
- ○ Wohnung
- ○ Garten
- ○ Balkon
- ○ Stadt
- ○ Land

So wohne ich in zehn Jahren:

Mit:
- ○ Mama
- ○ Papa
- ○ Oma
- ○ Opa
- ○ Schwester
- ○ Bruder
- ○ Freundin
- ○ Freund
- ○ andere

- ○ Katze
- ○ Hund
- ○ andere Tiere
- ○ Haus
- ○ Wohnung
- ○ Garten
- ○ Balkon
- ○ Stadt
- ○ Land

MAU! UND AUF ZU SEITE 14, DA GEHT ES WEITER!

Heiß oder kalt?

Was trinkst du am liebsten?

← TEE

BITTE AUF-
SCHREIBEN
UND IN
GLAS ODER
BECHER
MALEN.

MAU! UND AUF ZU SEITE 102, DA GEHT ES WEITER!

Mein Name in kunterbunt und riesig

Wie ich noch heiße: ....

....[Spitzname & Co.]

Jetzt gerade [Datum:.........../20....] bin ich ....alt.

Ab geht die Post – und zwar an:

....
....

Oder ruf doch mal an:

....

Und so sehe ich aus: ....

100

❀ Mit dir mache ich am liebsten:

....

Da bin ich am liebsten:..

Das schmeckt toll:...

Was ich nie essen würde: ....

Der schlimmste Tag im Jahr:..

Und der tollste:...

Das ging voll daneben:...

Dafür ging das richtig gut:..

☼ Das macht Spaß:........... ☹ **Das nicht:**...............................

Das fehlt in meinem Zimmer:..

Was ich nie hergeben würde:..

Was ich vermisse:..

MAU! UND AUF ZU SEITE 14, DA GEHT ES WEITER!

Komm, wir gehen ins Kino!

Für welchen Film würdest du deiner besten Freundin einen Kinogutschein schenken?

MAU! UND AUF ZU SEITE 108, DA GEHT ES WEITER!

Mein **Lieblingsname:**

... **Mein richtiger Name:** ...

📫 Da wohne ich:

☺ Und so sehe ich gerade aus:

☎ Da klingelt es bei mir:

🌍 Meine schönste Reise:
....
....
....

Mein Lieblingsort:..
Mein schönstes Geschenk:...
Mein blödestes Geschenk:..
Ich grusel mich vor:.. 👋👋
....

♡ Das macht mich froh: 😠 Das macht mich sauer:

Der/die/das hat mir geholfen:...
....
....

MAU! UND AUF ZU SEITE 14, DA GEHT ES WEITER! 🐈

Das bin ich:

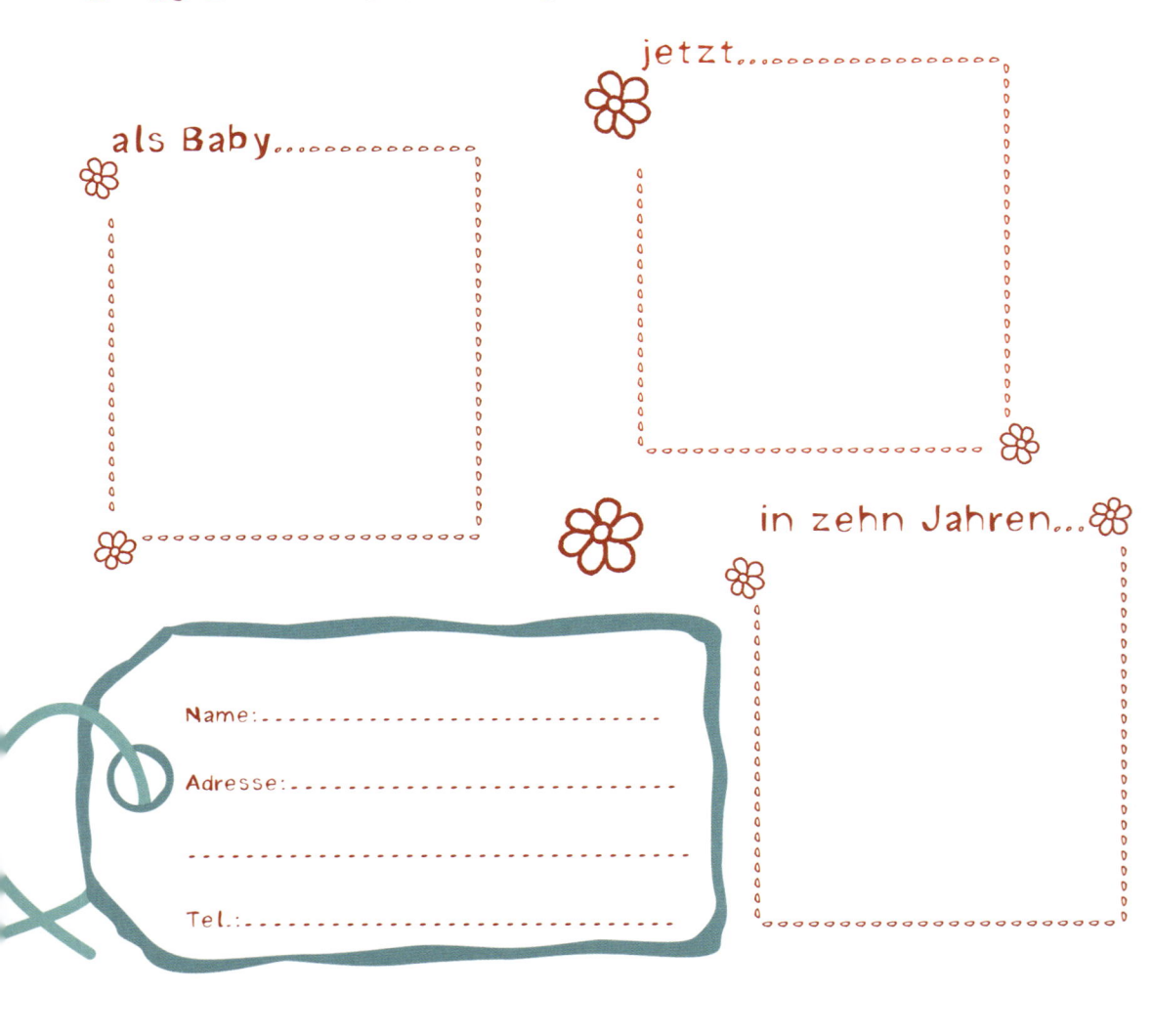

als Baby...

jetzt...

in zehn Jahren...

Name: ....

Adresse: ....

....

Tel.: ....

Besondere Kennzeichen: ....

So wohne ich jetzt:

Mit:
- O Mama
- O Papa
- O Oma
- O Opa
- O Schwester
- O Bruder
- O Freundin
- O Freund
- O andere

- O Katze
- O Hund
- O andere Tiere
- O Haus
- O Wohnung
- O Garten
- O Balkon
- O Stadt
- O Land

So wohne ich in zehn Jahren:

Mit:
- O Mama
- O Papa
- O Oma
- O Opa
- O Schwester
- O Bruder
- O Freundin
- O Freund
- O andere

- O Katze
- O Hund
- O andere Tiere
- O Haus
- O Wohnung
- O Garten
- O Balkon
- O Stadt
- O Land

MAU! UND AUF ZU SEITE 14, DA GEHT ES WEITER!

Da hört die

SCHLUSS!

Was dürfen Freunde deiner Meinung nach **niemals** tun?

....
....
....
....
....
....
....
....
....
....
....

VORBEI

Freundschaft auf!

AUS!

....
....
....
....
....
....
....
....
....

ENDE!

....
....

MAU! UND AUF ZU SEITE 112, DA GEHT ES WEITER!

Mein Name in kunterbunt und riesig

Wie ich noch heiße: ....

.... [Spitzname & Co]

Jetzt gerade [Datum:............/20....] bin ich .... alt.

Ab geht die Post ✉ – und zwar an:

....

....

....

☎ Oder ruf doch mal an:

....

© Und so sehe ich aus: ....

❀ Mit dir mache ich am liebsten:
....

Da bin ich am liebsten:..

Das schmeckt toll:..

Was ich nie essen würde:..

Der schlimmste Tag im Jahr:...

Und der tollste:..

Das ging voll daneben:...

Dafür ging das richtig gut:..

☼ **Das macht Spaß:**......	☹ Das nicht:........................

Das fehlt in meinem Zimmer:..

Was ich nie hergeben würde:...

Was ich vermisse:..

MAU! UND AUF ZU SEITE 14, DA GEHT ES WEITER!

PS: NICHT VERGESSEN!

SCHREIBE AUF EINS DER POST-ITS, WAS GUTE FREUNDE DEINER MEINUNG NACH NIE VERGESSEN DÜRFEN.

MAU! UND AUF ZU SEITE 116, DA GEHT ES WEITER!

Mein Name in kunterbunt und riesig

Wie ich noch heiße: ....

........................[Spitzname & Co]

Jetzt gerade [Datum:........../20....] bin ich .... alt.

Ab geht die Post ✉ – und zwar an:

....
....

☎ Oder ruf doch mal an:
....

Und so sehe ich aus: ☺

❀ Mit dir mache ich am liebsten:

....

Da bin ich am liebsten:..

Das schmeckt toll:...

Was ich nie essen würde: ....

Der schlimmste Tag im Jahr:..

Und der tollste:..

Das ging voll daneben:..

Dafür ging das richtig gut:...

☀ **Das macht Spaß:**......

☹ Das nicht:......

Das fehlt in meinem Zimmer:...

Was ich nie hergeben würde:..

Was ich vermisse:...

MAU! UND AUF ZU SEITE 14, DA GEHT ES WEITER!

Geburtstags.

Januar

Februar

März

KaLeNDeR

April

MAI

Juni

Geburtstags.

Juli

August

September

KALENDER

OKTOBER

November

Dezember

❀ Wer dieses Buch gemacht hat:

Doris Katharina Künster.. Besondere Kennzeichen: Doris hat ihre Lollis geopfert, Bänder gehäkelt, Buchstaben gebogen, gesetzt und gezeichnet, fotografiert, Papier zerrissen und in ihren Kisten nach kleinen Schätzen gewühlt, um das Buch bunt, schön und lustig zu machen.

♡ Das mag ich:
Buchstaben • malen • fotografieren • kochen und essen mit Freunden • Vögel füttern und gärtnern • mit Freundinnen lachen • Musik • tanzen • reisen

☹ Das mag ich nicht:
Mückenstiche • Kälte • Dunkelheit (außer im Kino) • Popcorn • humorlose Menschen • Lügen • immer mehr Plastik überall

Imke Sörensen.. Besondere Kennzeichen: Imkes allerbeste Freundinnen wohnen leider nicht wie sie in Hamburg. Aber sie fährt gern und regelmäßig nach Berlin und Köln, um sie zu besuchen. Überhaupt fährt sie gern Freunde besuchen, und zwar am liebsten mit dem Zug und dem Schiff.

♡ Das mag ich:
am Wasser sein • Kino und Kunst • kochen für Freunde • Blumen • frische Luft, Wind und weiten Himmel • lesen

☹ Das mag ich nicht:
Rosinen • Zecken • über 35 Grad im Schatten • Leute, die ihren Müll überall liegen lassen • Menschen, die sich immer nur über andere aufregen und nie über sich

---

FSC MIX Papier aus verantwortungsvollen Quellen FSC® C110508

© 2014 Carlsen Verlag GmbH, Pf 500380, 22703 Hamburg | Texte und Konzept: Imke Sörensen, Hamburg
Umschlag, Gestaltung, Illustrationen und Satz: Doris Katharina Künster, Hamburg
Conni-Bildvorlagen: Herdis Albrecht, Berlin | Lithografie: Buss + Gatermann, Hamburg | Druck und Bindung: Westermann Druck, Zwickau
ISBN: 978-3-551-18639-3 | Printed in Germany | www.conni-club.de | www.conni.de

Weitere Abenteuer, die Conni mit ihren Freundinnen und Freunden erlebt, kannst du in diesen Büchern nachlesen:

- Band 1   Conni auf dem Reiterhof
- Band 2   Conni und der Liebesbrief
- Band 3   Conni geht auf Klassenfahrt
- Band 4   Conni feiert Geburtstag
- Band 5   Conni reist ans Mittelmeer
- Band 6   Conni und der verschwundene Hund
- Band 7   Conni rettet Oma
- Band 8   Conni und das Geheimnis der Kois
- Band 9   Conni und die Jungs von nebenan
- Band 10 Conni und das ganz spezielle Weihnachtsfest
- Band 11 Conni und das Hochzeitsfest
- Band 12 Conni in der großen Stadt
- Band 13 Conni und die verflixte Dreizehn
- Band 14 Conni und der Dinoknochen
- Band 15 Conni und das tanzende Pony
- Band 16 Conni und der große Schnee
- Band 17 Conni rettet die Tiere
- Band 18 Conni und die Detektive
- Band 19 Conni und der Ferienzirkus
- Band 20 Conni und die Burg der Vampire
- Band 21 Conni und die große Eiszeit
- Band 22 Conni und das neue Fohlen
- Band 23 Conni und die wilden Tiere
- Band 24 Conni und das Klassen-Camp (erscheint im Oktober 2014)

MEINE FREUNDE UND ICH!

DARF ICH VORSTELLEN?